"The Twelve Steps"
"A Course in Miracles"

SIDE
BY
SIDE

D0920775

J.R. Richmond & Bette Jean Cundiff

Booksurge.com

To order books go to
amazon.com

for orders of ten or more copies e-mail:
bette@bettejeancundiff.com

ISBN: 1-4392-5135-5
Library of Congress Control Number: 2009901998

ACKNOWLEDGMENTS

A thank you is necessary for those
who have made this revised edition possible:

Elvia Acuna
*for the sensitive and Herculean editorial effort
she gave the Spanish translation*

David Edward Martin
for his editing of the English section

And a big thanks to all our loving friends at
Miracle Distribution Center

" . . . a star, a light in darkness.
See it not outside yourself,
but shining in the Heaven within."
A Course in Miracles, Text

FOREWORD
by
David R. Hawkins, M.D
Director, Institute for Spiritual Research

This little volume is a classic in spiritual brevity. It captures the essence of two powerful spiritual pathways which are closely aligned in their concepts and practices. Both are pathways of love and inner purification which emphasize surrender as the key to transformation by Grace.

How meaningful it is to me personally to write the forward about the spiritual groups with which I have many years experience. I knew both Bill Wilson, the co-founder of AA, as well as Helen, who was the scribe for "A Course in Miracles." It was Bill who said that AA is the language of the heart. The power of the truths of AA as well as "A Course in Miracles" have transformed the lives of millions of people. Both initiate a powerful process of inner discovery and transformation based upon the personal inner experience of Divine Grace. The change in perception that results is experienced in the form of miracles — sobriety is a miracle and to love where once there was fear or hate is also a miracle.

Neither pathway has any organization, leaders, officers, edifices, dues, financial structure or evidence of any materiality. There is no glamour, pomp or circumstance. No dogma, ritual nor authoritarian structure. Neither proselytizes nor has any axe to grind or opinions on outside issues. The God of AA and of "A Course in Miracles" is the God that is immanent rather than transcendent. It is not a God that is "out there," but rather "in here."

Both groups demonstrate for all the world to see the basic principles of healing. To the AA member, the lack of forgiveness which expresses itself as resentment, self-hatred and guilt can be fatal, and so many AA's have studied "A Course in Miracles", which addresses the problem specifically. Many members of Alanon have also found benefit from "A Course in Miracles" as theirs also is the problem of true forgiveness.

Humility is the keystone in both these great pathways. Without it there is no change of consciousness which leads to the spiritual awakening. They are both based on universal and timeless spiritual axioms, the truth of which can be verified by anyone who has a little willingness and, paradoxically, is willing to go the whole way. AA says "we had to let go absolutely, half measures availed us nothing." "A Course in Miracles" says that salvation from pain and suffering is the result of holding nothing back from the Holy Spirit. Both approaches emphasize that the world is saved only by saving yourself, for you cannot give away what you haven't got, and you get it by giving it away; thus they even share the same paradoxes.

I have known both authors of this little book for many years and they both are well qualified to present their views of these beloved teachings which have meant more than the world itself to so many.

David R. Hawkins, M.D
Director, Institute for Spiritual Research
Sedona, AZ
October, 1986

The Twelve Steps

Reprinted with permission of
Alcoholics Anonymous
World Services, Inc. New York, NY

Step One: "We admitted we were powerless over alcohol—that our lives had become unmanageable."

Step Two: "Came to believe that a Power greater than ourselves could restore us to sanity."

Step Three: "Make a decision to turn our will and our lives over to the care of God *as we understood him.*"

Step Four: "Made a searching and fearless moral inventory of ourselves."

Step Five: "Admitted to God, to ourselves, and to another human being the exact nature of our wrongs."

Step Six: "Were entirely ready to have God remove all these defects of character."

Step Seven: "Humbly asked Him to remove our shortcomings."

Step Eight: "Make a list of all the people we had harmed, and became willing to make amends to them all."

Step Nine: "Make direct amends to such people wherever possible, except when to do so would injure them or others."

Step Ten: "Continued to take personal inventory and when we were wrong promptly admitted it."

Step Eleven: "Sought through prayer and meditation to improve our conscious contact with God *as we understood Him,* praying only for knowledge of His will for us and the power to carry that out."

Step Twelve: "Having had a spiritual awakening as a result of these steps, we tried to carry this message to alcoholics and to practice these principles in all our affairs."

A Course in Miracles

*Quotes are reprinted with permission of the
Foundation for Inner Peace, Tiberon,CA.*

"A Course in Miracles" is a set of three books, bound as one, which includes a Text, Workbook for Students, and a Manual for Teachers. These books are inspired writings which develop the concepts of love and forgiveness through the experience of miracles, or in other words, shifts in perception. Through these inner shifts the emotions of guilt, anger and fear can be seen instead as "calls for love", thus changing painful situations to ones of joy.

The Text develops a theory of "spiritual psychotherapy" wherein the reader/student can recognize the dynamics of pain caused by the separation one feels from God, and also learn to explore the process of remembering spiritual oneness through forgiveness in relationships.

The Workbook for Students gives daily meditative lessons which guide the student through a progressively successful approach to life.

The Manual for Teachers addresses those questions which naturally arise from reading and applying the Course.

INTRODUCTION
The Twelve Steps

J. R. RICHMOND

I had been a sober member of Alcoholics Anonymous for five years before "A Course in Miracles" appeared on my horizon. Prior to that I had been a student of Carl Jung, William James, R.W. Emerson, Edgar Cayce, Ramakrishna, Rajneesh and on and on. In the "Course" I found a context which satisfied not only my intellectual, but more importantly, my emotional need to make sense of my experiences. In short, it helped me to understand myself. If AA gave me the skeleton, the "Course" provided the flesh. Without my AA experience, the body would have been just another egotistic corpse I could have hung my hat on. As it is, the one nurtured and refined the other.

I am aware that some of you reading what is to follow who are "members in good standing" of AA could have done a better job. These are *my* experiences and are in no way conclusive for me nor should they be the final word for anyone.

I didn't get sober because I needed to, but because I wanted to. In the process, it was important to get excited, to be involved in my recovery, in my new life. I learned that this new life is not a contest where you have winners at the expense of losers. And that joy is never found by comparing myself with others, but my loving and forgiving me. Since there is nothing to win there is no need to hurry. A moment spent loving life can last forever. One thing though, the cost of this new life is your willingness to relinquish the old one. Rebirth requires a death. Not all at once, but according to your ability to love and forgive yourself. You don't do this; it is done for you, if you will allow it.

My way of life today has become quite simple and can be summed up in a few sentences: In life we are presented with situations. These are judged good or bad, painful or pleasant depending on our opinion of "how things ought to be." Without our opinion, things are what they are. So do what is appropriate—laugh, cry or change the tire and move on. You needn't have an opinion about it. Without your opinion, life can be beautiful and death nothing more than a change of your living situation.

INTRODUCTION
A Course in Miracles

BETTE JEAN CUNDIFF

Since 1977 I have had the pleasure of not only attending but also lecturing at "Miracles" classes and conferences across the nation. What became increasingly apparent to me was that close to one-third of these classes and audiences were either in Alcoholics Anonymous or in one of the other Twelve Step programs. There was obviously an important connection between these two disciplines. And I came to the opinion that the Twelve Steps was a spiritual discipline after reading them myself as a part of my continuing study of support materials for my own spiritual progress.

John Randolph and I have been friends since 1978 and have had many satisfying conversations on the philosophy of spiritual growth as expressed through "A Course in Miracles" and the Twelve Steps. It was only natural that we decided to put these observation down on paper for others to explore also.

As John Randolph expressed his thoughts and feelings about each Step, I found immediate correlation with the Course. My purpose in choosing the following particular quotes from "A Course in Miracles" was not to develop a full overview of the Course, but simply to show correlation to a particular Step. The Course is so rich with material that I left the choice of selection up to Inner Guidance. I am sure other students can find more and at times seemingly better quotes. Yet these were the ones I felt guided to include.

Both the Twelve Steps and "A Course in Miracles" share the same goal — sanity and peace of mind. To this purpose I offer these thoughts and observations in this book.

May it be of service to you.

Step One

"We admitted we were powerless over alcohol—that our lives had become unmanageable."

Admitting I was powerless over my drinking was easy. Accepting I was powerless, that I could not stop or control myself was impossible. I needed to reach a state of hopelessness and despair from which there was no escape.

At first, I told myself I could stop if I really wanted to. Those who couldn't were weak and stupid. Towards the end it was "I" who could not be helped and those who had found sobriety had something I lacked. There was nothing more I could do. My best thinking had gotten me into the state I was in. Something inside of me said, "No, I don't want to die like this." I asked those whom I had belittled for help.

From this hopelessness, surrender happened. It wasn't my doing, for "I" had done everything I could. The obsession to drink was lifted. My breakdown had become my breakthrough! The surrender was victory.

This was only the beginning, the first step in my recovery. I became willing to listen, to change my mind. Pain had made me teachable.

Unless the habits and patterns of a lifetime were changed, this surrender would be forgotten. This I was told by those who had gone before, and miracle of miracles, I believed them!

"Tolerance for pain may be high, but it is not without limit. Eventually everyone begins to recognize, however dimly, that there must be a better way."

A Course in Miracles, Text page 22

All of us eventually way "Enough!" We recognize that all the pathways we followed before, all the attempts to control our lives, all the manipulation of relationships, all the anger dumped and guilt accepted hasn't brought us any real release. Eventually all of us say, "There's got to be a better way."

Until this point is reached we will continue to try out methods based on pain, which promise relief. Not until the pain becomes too great to ignore, or too great to rationalize will we look for another way to lead our lives.

At this point we are willing to gamble on anything that will help. Let there be one spark of hope that the old methods will still work, let there be one shred of doubt as to the efficacy of gambling on the new, and the bottom hasn't been reached. For each of us that bottom is uniquely our own. No one can decide for you when you have had enough pain and no particular incident will be the motivator — we each choose our own limit. But the experience will be the same: We no longer feel we are able to control any aspect of our lives without disaster and so we desperately try ANYTHING else to find release.

After all, we reason, what have we got to lose?

Step Two

"Came to believe that a Power greater than ourselves could restore us to sanity."

Why would you ever want to believe that a Power greater then yourself existed if your own efforts at changing your life were successful? Why share the credit? That "my" efforts had failed, and that through this admission the obsession to drink had gone, was amazing to me. I had to acknowledge that there was something at work in my life that had made sobriety happen when all my own efforts had failed.

At first I took the Power to be the collective consciousness of the group. I just couldn't believe that a "bearded, kindly old man in an armchair" was guiding the destinies of men. Since this was the idea of God from my childhood, it was not a wonder that I decided to sit on His throne here on earth.

My willingness to place this Power and trust in the group was the beginning. Just to be able to think I didn't know what was going on, and that I was willing to change my mind about my ideas of how things were, or should be, was revolutionary.

That I didn't know what was best for me, and that a Higher Power existed and could restore me to health and sanity, was something I was now willing to entertain. The fact that I was sober attested to the existence of Something beyond my own will and understanding.

The progression of this step in my life can best be described as— not believing there was a Higher Power greater than myself, or my ego; wanting to come to believe in a Power greater than me (wanting to believe is very important); coming to believe in the Power; and finally coming to know. Belief being no longer necessary. My willingness to try, to be open just a little, made all the difference.

"Either God or the ego is insane. If you will examine the evidence on both sides fairly, you will realize this must be true."
A Course in Miracles, Text, page 193

We work so hard at keeping happiness from ourselves. Oh, we place the goal of happiness in front of our minds and then proceed to use everything at our disposal, our thoughts, our friends, our activities, to work against this goal. Thus our mind becomes split and insanity must follow. Conflict becomes a way of life. And instead of looking to see the true cause of the pain—conflicting goal and method—we instead attempt to cope with the chaos and make it "more peaceful".

At some point we realized we are doing something wrong and all our efforts lead to failure. At this point we are willing to admit this and perhaps accept that there could be another way to handle our problems. This something would have to be greater than ourselves. Then we could gladly admit our weakness and accept guidance of Someone or Something which can lead us back to sanity.

The first step is recognition of our own failure, but the second entails a desire and willingness to, at the very least, gamble on something other than our own methods. Only arrogant stubbornness could cause us so much pain for so long, and only willingness to admit there may be Someone or Something that knows more than us can help.

Now, each miracle of peace begins to prove that there is a better way. We were insane, but Sanity can be found.

Step Three

"Make a decision to turn our will and our lives over to the care of God as we understood him."

My will had led to disaster. Maybe God's Will would be different. By making this decision and saying, "Let's see IF there is another Will that can guide my life," I was taking responsibility for the effort, but not for the results. I was ready to let Someone or Something else drive the bus, and trust that it would work out.

First you must start out with a little trust. I trusted to let Him help me on the job so that situations that seemed to be blocking me would work out if I just left it alone. My part was to do the best I could and trust God would work out the rest. Each time I worked on the little things my trust grew and I was willing to trust more, I came to see that there was a Power greater than myself. The feeling in the First Step was that God (a Higher Power) had decided for me. Now in the Third Step I was asked to choose Him or Her. (Or whatever—the label doesn't matter any more. Call it Yahweh or the Great Spirit, the important thing was to call upon it.)

This was the beginning. I learned I didn't have to look into tomorrow. I need only do what I must do for today and trust that tomorrow will be taken care of. There is a Power guiding my life. Where It is guiding I need not know. I need only trust that if I do what I need to do today, the rest will be taken care of.

This decision worked well in the first three months, but as my mind and body improved, my ego, which had taken a vacation to avoid embarrassment of my impending death, returned. I began to subtly take my will back and to believe again that I knew what was best for me. At this point I was ready for Step Four.

"I must have decided wrongly, because I am not at peace. I made the decision myself, but I can also decide otherwise. I want to decide otherwise, because I want to be at peace. I do not feel guilty, because the Holy Spirit will undo all the consequences of my wrong decision if I will let Him. I choose to let Him, by allowing Him to decide for God for me."
A Course in Miracles, Text, page 90

This prayer becomes the first constructive step forward. Up to now we had simply recognized and acknowledged our shortcomings and weaknesses. Now we needed to put our decision FOR trust on the line, and do it.

A simple acknowledgment of the power of decision making leads to the opening of a floodgate. As we turn our mind, with all its fears, guilt, anger and need, over to the Holy spirit, we are saying we are no longer in charge. We are stating our need and now turning that need over to the Someone Who will know what to do.

Each miracle, each shift, each successful result becomes growing proof that there is a Holy Spirit Who does know what to do for us. Or in other words, His Will is our will. Thus each miracle builds another foundation stone of faith in God.

First we take our specific problems and soon we learn to take our unspecified pain. Through practice we find that no matter the problem brought to the Holy spirit, no matter its size or seeming importance, from the trivial to the catastrophic, the Answer becomes the same: Our worries are taken care of and our life can, if we allow it, condense into the instant of Now. A healing of pain occurs.

Step Four

"Made a searching and fearless moral inventory of ourselves."

What was my "will" for me? Did things have to be my way? I felt that if I didn't take care of it, it was not going to happen. As long as everybody followed my script, I believed that everything would work out. The problem was that the scripts I had written for myself and others had brought me suffering and pain.

Where was I at fault in my life? What attitudes and opinions had I formed that were leading me to disaster? I saw myself as a victim of parents and society. I began to recognize myself as an egomaniac with an inferiority complex. . .an alcoholic! In writing all this down I was able to see how I played a part in this tragedy called my life. I looked within, perhaps for the first time.

Although this was to be a searching and fearless inventory, I could only see so far. Looking at all my defects and faults would have been too crushing at the beginning. So I was given insight according to my ability to understand. This ability has grown over the years so that I am recognizing errors today that were at work then, but that I was unable to see. As I became more sensitive to myself, I became more aware of how unconscious I had been.

Writing this down gave me an idea of how "Randy" operated in his life. I could see that I had always been judgmental, critical and cynical of others and myself. The negative result of this became obvious. . .I was negative! I had to become objective about myself. This made me discontinuous with the old Randy and I became aware of the inner Randy and his fears for the first time.

Bette Jean Cundiff

"No one can escape from illusions unless he looks at them, for not looking is the way they are protected."

A Course in Miracles, Text, page 202

Looking closely at the depth of our own faults is not an easy task. We will sabotage almost every effort. This is why looking at our illusions, or faults and mistakes, is not the first step in the process. First we must recognize our inability to make life work. Then open to the Holy Spirit Who will be our Guide and Comforter as we begin this seemingly dark journey within. Now prepared with motivation and the correct Guide we can begin to look at the incorrect workings of our minds.

Self-honesty becomes the key here. We work very hard at sugar coating our base motives. We call ourselves righteously indignant. We nobly correct the faults in others from a "humble" sense of superiority. We "lovingly" become martyrs and allow our children free reign. Self-honesty looks closely at these emotions and sees them for what they are — attempts to control the world through anger and guilt to suit our needs and desires at the expense of everyone else.

Allow the Holy Spirit to walk with you and shine His Light of understanding on each shadow. As you look at each fault, experienced as sin, His Light shows you the truth instead. You are mistaken and fearful but the truth of God's Love which binds you to Him and everyone remains unbroken. Each shadow begins to disappear.

But, allow one dark corner to remain unlit and pain will continue to be yours.

Step Five

"Admitted to God, to ourselves, and to another human being the exact nature of our wrongs."

Perhaps I had stolen money, lied or hurt people, especially those I loved. I felt guilty and so kept these things secret within me. These "sins" had eaten away at me to the point that I was ashamed to be with my fellow man. I felt a deep unworthiness and so I drank alone, fearful of the judgment, condemnation, or pity of others. *If they knew me they would hate me. If they knew how fearful I was they would walk all over me.* I had to cover all this up. Now I was asked to confess my wrongs, to share with God those things which were ugly. But most difficult of all, I was asked to share them with another human being.

This meant I must trust another human being with my petty garbage, and, the fear and guilt I had sworn to take to my grave. By sharing this with another I risked letting someone know who I was, the little me, the little Randy and not the projection that I wanted everyone to see.

In the process of doing this I became human again. I was no longer isolating myself by keeping these secrets. I had excluded myself from life because of the ugly things I had done. By sharing them I was brought back into the human fold. I no longer had a past that constantly threatened to reveal itself in the present. The cat was out of the bag.

I had been an outsider — by sharing myself with another I had become human again.

"The quiet light in which the Holy Spirit dwells within you is merely the perfect openness in which nothing is hidden and therefore nothing is fearful...What is kept apart from love cannot share its healing power, because it has been separated off and kept in darkness.
A Course in Miracles, Text, page 285

This step is a continuation of the one before and a very necessary deepening of the process. We MUST give our faults to the Holy Spirit. Without looking at these dark cornerstones we will allow our minds to remain fearful of the punishment demanded by our feelings of guilt. But by taking each and every one to the Holy Spirit allows Him to shine His Light of understanding onto these mistakes. Thus, forgiveness begins to enter our minds.

We must also walk this way with another friend. We must open in honesty to the people around us. It is not necessary to blurt out all your faults to everyone, but a close friend, a counselor of some kind, or group therapy can give us a safe place in which to show our true colors. By recognizing we all share inner guilt and hidden pain, we can together recognize the need to give forgiveness. And so by freeing each other we can free ourselves.

An understanding friend, who listens and loves you anyway reflects God Who also listens and loves you anyway. As you find the support to come into the light and find your freedom, you also recognize the need to give this same support to others and free them from inner guilt and pain. The process of releasing brings release. They process of looking within TOGETHER brings shared wisdom and comfort.

Step Six

"Were entirely ready to have God remove all these defects of character."

I thought I wanted my defects removed. What I found was that these defects were my personality. I was not ready to let them go. This became a long process. I first needed to experience how they harmed and destroyed my peace of mind before I would be ready to let them go. I was entirely ready sometimes; partially ready most of the time, but never entirely ready all of the time.

To be entirely ready to face my defects and release them would mean I was entirely trusting of God to protect me where I had now laid down my sword. I needed to trust god to protect Randy from what he perceived as an angry and vengeful world. Because my faith was still shaky I was only willing to trust God part of the way. I was willing to be ready. What I needed then, and this took time, were the life experiences that showed me the defects of character in action, keeping me from enjoying a full life.

I had to realize, at the deepest level, that the parts of my personality that demanded protection were those parts that also keep me from enjoying the peace and serenity I sought. . .things like pride, concern for reputation and appearances, the need to be appreciated and the need to be right.

Fear gave the orders, Defend! Justify! Protect! I had to be willing to trust a new commander whose Voice whispered, "Let it go."

"It is not needful that I make...ready for Him, but only that I do not inter-fere with His plan to restore me to my own awareness of my readiness, which is eternal. I need add nothing to His plan.
A Course in Miracles, Text, page 381

Each step has brought us closer to the deepest and darkest areas of our mind. Here the refusal to forgive over a lifetime, perhaps many lifetimes, resides. Here is where we must look at the anger and fear and turn each painful thought over to the Holy Spirit Who knows what to do with these.

Never will the Holy Spirit condemn or punish. Only will He show us the spiritual truth about ourselves. Here, as the light is thrown on the dark recesses of our being, will we see the glory that has been hidden by our fears and defense mechanisms. Our dark thoughts hid not only our own glory but the beauty of our brothers also. Now we are being given a way to find the truth once more and free ourselves by freeing our brothers through the forgiveness of all those errors we have done and seen.

This process is slow, but is sure! We cannot leave one dark cornerstone left in our mind without turning this over to Him for correction. This step takes constant vigilance, and though at the beginning we feebly walk ourselves through this new path, each attempt brings some success building upward to a greater and greater ability to be self-honest and willing to trust the One Who knows. We must do our part, but we must also allow Him to do His.

Step Seven

"Humbly asked Him to remove our shortcomings."

Inevitably I tried to do God's work for Him. As yet there was no clear distinction between my will and God's Will, my time and God's Time. I made up my mind to be honest, trustful, thrifty, clean, brave and reverent. I failed. The changes I made were cosmetic, they only covered the surface. Fear of who I thought I really was kept me from going inward. I was trying to create an image of myself and in the process was denying what did not fit my new image of who I wanted to be. On my own I could not hope to change the habits and patterns of a lifetime. In Step One I had to accept I was powerless over alcohol, now in Step Seven I had to recognize my powerlessness to change even the least of my shortcomings.

Once again my willingness to change, a sincere desire to know who I really was, and an increasing awareness that I didn't know how or what to do to achieve this, gave me the humility to ask for God's help. It was truly amazing to experience the peace that followed the acceptance of my failure. By admitting my weakness I was given strength. By accepting my ignorance, I was given knowledge.

All my defects were not removed at a single stroke, only those of which I was entirely ready to be free of. As these were removed a deeper, more subtle layer was revealed, like the peeling of an onion. I began to experience my life as a journey through these layers of myself toward a goal yet to be fully understood. But, there were glimpses.

A great man is never afraid to appear small, especially to himself—this became my credo.

Bette Jean Cundiff

"You cannot see your Guest, but you can see the gifts He brought. And when you look on them, you will believe His Presence must be there. For what you now can do could not be done without the love and grace His Presence holds."

A Course in Miracles, Text, page 609

As each miracle of peace of mind enters our lives we begin to realize that Something powerful is truly at work. Although we had a desire to turn our lives over to the Holy Spirit, we did not fully trust that He knew His job. We had hit rock bottom and were willing to try anything, because it couldn't be worse than what was already in our lives. Each time we cautiously asked again for help to leave that corner into which we had backed ourselves, a powerful shift in our minds was given to us, bringing peace and release. This gave us the strength to face some of our greatest fears. We found the insight to recognize the call for help rather than the seeming attack from our brothers. We found the gratitude which comes from knowing we are protected always.

These powerful changes in perception have led to a growing faith. As we watched our world look happier and more hopeful, we realized Something had been there to help us. As our faith grows, so does our conviction to continue this process at all costs. We have finally found the Answer to every problem, every pain, every fear. And it works.

We become more willing and glad to look for those areas still dark and hidden in our mind. But not in order to relive them and analyze what went wrong. No, instead we are learning to simply look, recognize a sense of fear or anger, and then ask once more for the Holy Spirit to enter our minds and show us His perspective.

As each shift is given to us, the world begins to glow with an inner light and our hearts lift.

Step Eight

"Make a list of all the people we had harmed, and became willing to make amends to them all."

In the course of working the previous Steps, names and situations naturally came to mind — those things that I was ashamed of that I had done to someone else. This became a list for "I'm sorry." This step felt simple because I didn't have to do anything, yet.

Not all things were listed because I was still learning to recognize the character of defects that were causing me to need to make amends. It became easy to recognize the obvious amends to a friend or wife. However, as I grew in understanding and insight, the list became longer. The slowness of this process was self-protective. So, as I took responsibility for that which I was aware, more was revealed. (You won't be given more than you can handle, although it might not feel that way. Know, that if you see it, you can handle it.) And so this Step, like all the Steps, became on-going throughout my life. I didn't finish Step Three and then go on to Step Four.

My first focus on myself was crude and shallow because I didn't instantly become open and willing, but I was willing to look. As my strength and confidence in God and the Program grew, I was shown more and more instances where I was at fault and in error. My growing trust in a Higher Power brought with it a growing confidence that I could let go of the past if I wanted to. Not by simply forgetting it, but by my willingness to correct what I could, to forgive and be forgiven.

"Remember then, when you are tempted to attack a brother, that his instant of release is yours. Miracles are the instants of release you offer, and will receive. They attest to your willingness to be released, and to offer time to the Holy Spirit for His use of it."
A Course in Miracles, Text, page 303

Forgiveness is now becoming an active part of our interactions with people from the past, present, and will be in the future. Previously in the past, each time we saw the need to defend ourselves we closed ourselves off from others. This led to spiritual deprivation, for it is only through the connection of us with everyone and everything can we feel our connection to God. Now, as we begin to look at our life, past "sins" come to mind. This is not an easy process. We will still want to keep these sins hidden because of our continuing sense that we must be punished for them. We are probably also continuing the self-protecting device of projecting guilt outward, placing the cause of sin on someone else through anger.

Now is the time to stop this pattern and allow the Holy Spirit to show us forgiveness in each and every situation—past, present and future. As we see this new interpretation, called forgiveness, sins become our calls for help from others, and other's requests for help from us. This brings relief to our minds. We are now opening to a truly loving perspective and response, and in this way correction of all errors occur.

We are learning to recognize that what we thought was sin demanding punishment, was but a mistake in need of correction. And the process of correction and release is now at our disposal — the Holy Spirit.

Step Nine

"Make direct amends to such people wherever possible, except when to do so would injure them or others."

Now starts a process of discrimination. If I were to go up to someone and say, "I'm sorry I slept with your wife," and as a result they got divorced, I have not been very responsible. I have created more harm than good from my amends, and chances I will need to make another in the future. The purpose of this Step is not to get rid of your guilt at the expense of another's peace. The point is to heal the past and free you to a future you need not be sorry for.

Expecting to be forgiven or expecting a certain result is setting yourself up for disaster. If you go up to someone and say, "I stole money from you and I hope you understand. . ." and he replies in anger, "No, I don't. I went bankrupt because of you!". . .well, you get the picture. Unless you are ready to make restitution, it may be better to wait.

Where the amends involve your asking for forgiveness, remember, you do this in humility, with the awareness that you have wronged this person, and not from the egotistic desire for recognition of a great and benevolent gesture on your part. In this case make the effort, extend yourself and leave the results to God. If your heart is in the right place you have nothing to fear.

Once again, your beginning efforts, when seen later, might seem feeble. It took me nine years to realize that I did not just owe my father an apology for all I put him through, but I needed to thank him for all he had tried to do. Time is not important, but over time you come to see that the greatest amends you owe is to yourself. The anger or guilt you feel about someone or something hurts you, and for that you must forgive yourself.

"Do nothing then and let forgiveness show you what to do, through Him Who is your Guide, Your Savior and Protector, strong in hope and certain of your ultimate success. He has forgiven you already, for such is His function. Now you must share His function."
A Course in Miracles, Workbook, page 401

Throughout time, the process of going within and finding guidance for one's own actions has followed the same format. One meditates and allows a deeper sense of understanding to come to the surface. As we take this next step we get in touch with the Essence which will know what to do at each moment.

The continuing process of forgiveness now becomes our whole purpose in life. We have begun to see the wrongness of our decisions. Yet, no matter how mistaken others might have been, we're learning correction must still start with us. Here is where our sense of unworthiness and guilt began and was projected upon the world. Here is where denial started and defended at the cost of happiness and life itself. Here is where the cause of unhappiness was placed — on the people nearest and dearest to us. And so here is where forgiveness starts. By allowing the Holy Spirit to show us the beauty in the people around us, we begin to feel gratitude for their presence in our lives. We are now open to truly doing and saying the most loving things.

Since now is the only moment there is, forgiveness corrects the past in the present, and therefore frees the future. You have released your brothers and sisters and have found your own release.

Step Ten

"Continued to take personal inventory and when we were wrong promptly admitted it."

At this point in my program, the ability to recognize my faults and my willingness to correct them with the help of a Higher Power had become established. I saw that avoiding what was difficult or painful was a way of life that meant no life at all. Saying or doing what I knew to be wrong or hurtful to another was painful to me.

Loudly proclaiming my innocence and your stupidity left me feeling guilty and ashamed. When I tried to be right in everything and win the battle, I realized I lost the war. No one wants to be wrong, it makes you vulnerable and open to criticism. After all, hadn't I laughed loudly at those I had defeated and had proven wrong? But, those I loved ran from me and I was left alone and resentful. Being right just was not worth it. I no longer enjoyed the isolation and the loneliness that being right entailed.

As I write this, the recollection of the first time I was able to admit to another human being that I was wrong is fresh in my mind. He didn't know I was in error, but I did. I stopped in mid-sentence and apologized. The feeling I got at the time still raises the hair on the back of my neck. I felt humility and strength. Those of you who have done this know the sense of integrity it bestows. For me, it was an unforgettable experience of the power concealed in humility. As a result of admitting my own mistakes, I became far more tolerant and forgiving of the mistakes made by others. No one lives without making mistakes, but there are few indeed who know the self love it takes to own them.

Later on, if you are persistent, you will understand that right and wrong are only opinions regarding a situation. Each person's viewpoint is different. When judgment stops, you will permit others their opinions while you yourself have gone beyond the need to even have an opinion.

"To learn this course requires willingness to question every value that you hold. Not one can be kept hidden and obscure but it will jeopardize your learning."
                    A Course in Miracles, Text, page 499

Vigilance becomes a watchword now. It is not enough to simply want change. It is not enough to simply say, "God take over." Now is the time for constant vigilance in watching for those thoughts which need correction. We can recognize them by any emotional state that is not totally joyous. Amazingly, we call righteous indignation a good emotion and never notice the underlying anger. The elation of winning an argument is not exposed as a cover for the guilt that comes from bringing loss to someone else. Now is the time to become intimately aware of our own emotions, labeling them correctly and turning those that need correction over to the Holy Spirit.

Even one emotion kept from forgiveness will bring us pain. Our dark emotions, still hidden, cover a self-guilt and continuing sense of unworthiness. Unworthiness demands projection of this guilt onto another. This is called anger and is an unfortunate attempt to rid one's self of this discomfort. It doesn't work. We only feel worse.

We have begun to see the futility of this action and the need for full correction through forgiveness. We can't falter now! We must look at all our thoughts honestly. If they do not bring full and complete release and joy, then we must turn them over quickly to the Holy Spirit.

Vigilance is a strong word and calls for consistent and hard self inquiry. But it is worth it!

Step Eleven

Step Eleven   J. R. Richmond

"Sought through prayer and meditation to improve our conscious contact with God as we understood Him, praying only for knowledge of His will for us and the power to carry that out."

If you are waiting for God to reveal Himself to you before you risk belief in Him, you just may never enjoy any peace or real security. A desire to believe, however insignificant or futile it may seem at the time, is necessary. My own premise was based on the fact that I was sober, as well as the understanding that although it required my cooperation and desire, that was not enough. I needed to reach the point of acceptance of my powerlessness to stop, or in a word, surrender.

And so, at this stage I was not seeking to initiate contact or an experience of a Higher Power, but to expand it. I have learned that God's Will for me is not different than my will for me. If I choose pain and suffering, guilt, remorse and fear, that is what I experience. God does not interfere. When I chose with all my heart to be free of being drunk, sobriety happened. I did not do it — rather I permitted it. This is a God of my understanding and my experience based on what I feel His intention is for me. How much peace, love and joy I experience is equal to how much of these I will allow myself to feel.

To the extent that I must control those around me, to that extent I will be in conflict. Before, it was important to convince others to see things my way and if they didn't it was due to their lack of intelligence. Today, I live my life according to my truth, and I extend this individual choice to others. No one has to agree with me any more. For me, prayer is talking to God, meditation is listening to Him, and then giving that freedom to others. Believe me, the more we listen the better the outcome.

While I may not know the way to God, I trust that He knows the way to me. All I must do is allow Him.

"We trust our ways to Him and say 'Amen.' In peace we will continue in His way, and trust all things to Him. In confidence we wait His Answers, as we ask His Will in everything we do."
A Course in Miracles, Workbook, page 488

These steps are truly just the beginning. Our life will be an ongoing, step by step, journey to a goal which only seems down the road, but is ours to enjoy now.

Each of us will find those materials, books, workshops, and disciplines which will help to reinforce this process for us. And each philosophy will offer the same thing: The Answers are within. Find your Guide there, and let Him show you the way.

Taking that inward journey will follow the same approximate trajectory. First we admit that we need help. Next we must find some method that teaches us how to ask. And then, importantly, we must be willing to be quiet and listen. The successful pathway will offer not only a discipline that teaches us meditation or prayer, but places an emphasis on practical application. If you cannot use it in your life, your relationships, and on the job, then of what value is it?

Simply put — we learn to go deep within and then practice daily, hourly, instant by instant to turn to Him Who knows.

Within "A Course in Miracles" the process is carefully explained in the Text and taught to us through the Workbook for Students. By reading and practicing the Course we learn to consistently go to the Holy Spirit, Who gives us the peaceful answer. No longer are we alone, for One Who understands our pain, yet knows exactly how to lead us out of misery, is within our minds, always.

Step Twelve

"Having had a spiritual awakening as a result of these steps, we tried to carry this message to alcoholics and to practice these principles in all our affairs."

Having a spiritual awakening, or rather, an awakened spirit, is what I am about today. As I allow it to happen, more and more is revealed. I don't wish to influence the reader too much in this area, as each of you will have the experiences you need to develop and evolve your own unique and important contribution to the whole of reality.

I don't consciously practice these principles in all my affairs, they have become an integral part of my experience of myself. They function spontaneously without my stopping the action to inquire of myself if I am practicing a particular Step correctly and to the best of by ability. I know I am, because when I am not, I feel it!

In short, I allow myself to be who I am even if at the time it happened to be afraid or insecure. That is part of the human experience. And after all, I can forgive myself and others for being human. Mostly, I enjoy being happy. This, I have found, is up to me. No circumstance has the power to dictate how I will feel, unless I give it that power. I have not learned this in a day, nor is it always the case, but for the most part it is how I choose to live today.

My experience of this twelfth Step is not that I carry the message, but that I have become the message. This message that I am, I share with whomever is with me at the time. There is no effort because it is what I am. And this is what I share with you today.

"I am among the ministers of God."
A Course in Miracles, Workbook, page 288
*"Give them a place of refuge, prepared by love for them where once a
desert was. And everyone you welcome will bring love with him from
Heaven for you. They enter one by one into this holy place, but they will
not depart as they had come, alone. The love they brought with them will
stay with them, as it will stay with you. And under its beneficence your
little garden will expand, and reach out to everyone who thirsts for living
water, but has grown too weary to go on alone."*
A Course in Miracles, Text, page 392

These are my thoughts for you:

You are the gift to others merely by the joy you bring to every
situation. With the Holy Spirit's help, each challenge becomes an oppor-
tunity for forgiveness and release. You then overflow with the light of
gratitude for each person who enters your life. This forms a golden glow,
unseen by the eye, but felt by the heart. This radiance goes with you and
is offered to all.

Through the demonstration of your life you prove that there is a
better way to live. You, then, are the holy Alternative for approaching
life and the people in it. The single light lit within your breast now shines
brighter each day as your faith, through practice grows. Your living ex-
ample becomes as irresistible as the flame to the moth, and so you need
not do or say anything specific. You need only be, and the inner blaze
will draw those souls filled with darkness and pain, but questing for light-
ness of heart and mind to you.

Your role: Simply be vigilant for your own peace of mind. Allow
the Holy Spirit to open your eyes to the gifts each person offers you.
Then joy and gratitude become the gifts you return to all. Released together, you and your brothers and sisters can begin to truly live!

Doce Pasos
"Un Curso de Milagros"

Lado a Lado

J. R. Richmond
Bette Jean Cundiff

PROLOGO

Este pequeño volumen es clásico en la brevedad espiritual. Captura la esencia espiritual de dos vías de gran alcance, se encuentran estrechamente alineados en sus conceptos y prácticas. Ambos son caminos de amor y de purificación interior que hacen acentuar la entrega, la clave para la transformación por la gracia.

¿Cómo es significativo para mí escribir sobre el futuro espiritual grupos con los que tengo muchos años de experiencia? Sabía que tanto Bill Wilson, co-fundador de AA, así como Helen, que era el escribano de "Un Curso en Milagros". Se dice que el proyecto de ley que AA es el lenguaje del corazón. El poder de las verdades de AA, así como "Un Curso en Milagros" han transformado la vida de millones de personas. Tanto iniciar un proceso de descubrimiento interior y la transformación basada en la experiencia personal interior de la Divina Gracia. El cambio en la percepción de que los resultados se experimenta en forma de milagros - la sobriedad es un milagro de amor y donde una vez hubo miedo o el odio es también un milagro.

Tampoco tiene ninguna vía de organización, los dirigentes, funcionarios, edificios, las cuotas, o pruebas de la estructura financiera de cualquier materialidad. No hay glamour, la pompa y circunstancia. Ningún dogma, o ceremonia autoritaria. Tampoco se encuentran proselytizes ciertos modos de pensar o opiniones extrenas. El Dios de AA y de "Un Curso en Milagros" es el Dios que es inmanente y no trascendente. No es un Dios que está "allá afuera", sino "aquí".

Ambos grupos demonstran al mundo los principios básicos de la curación. Para el miembro de AA, la falta de perdón que se expresa como el resentimiento, la auto-odio y la culpa puede ser fatal, y muchos han estudiado de AA "Un Curso en Milagros", que aborda el problema en concreto. Muchos miembros de Alañón también han encontrado beneficio de "Un Curso en Milagros" como el problema de ellos también es el verdadero problema de perdón.

La humildad es la clave en estas dos grandes vías. Sin ella no hay cambio de conciencia que llega al despertar espiritual. La base de axiomas espirituales eternos es universal, la verdad de lo que puede ser verificado por cualquier persona que tenga un poco de voluntad y, paradójicamente, está dispuesta a terminar su hornada. AA dice que "tuvimos que abandonar completamente, la mitad de medidas nos sirven poco". "Un Curso en Milagros" dice que la salvación del dolor y el sufrimiento es el resultado de la celebración del abandonamiento al Espíritu Santo. Ambos enfoques acentuan que el mundo se salva sólo por la salvacion de si mismo , porque usted no puede dar lo que no tiene, y se recibe cuando uno lo regala , por lo que incluso comparten las mismas paradojas.

He conocido a ambos autores de este libro durante muchos años y ambos están bien calificados para presentar sus puntos de vista de estas enseñanzas. Sus palabras han transformado vidas.

David R. Hawkins, M.D
Director, Institute for Spiritual Research
Sedona, AZ

DOCE PASOS

Primer Paso:*"Admitimos que éramos impotentes ante el alcohol, que nuestras vidas se habían vuelto ingobernables".*

Segundo Paso: *"Llegamos a creer que un Poder superior a nosotros mismos podría devolvernos el sano juicio".*

Tercer Paso: *"Decidimos poner nuestras voluntades y nuestras vidas al cuidado de Dios, como nosotros lo concebimos".*

Cuarto Paso: *"Sin miedo hicimos un minucioso inventario moral de nosotros mismos".*

Quinto Paso: *"Admitimos ante Dios, ante nosotros mismos y ante otro ser humano, la naturaleza exacta de nuestros defectos".*

Sexto Paso: *"Estuvimos enteramente dispuestos a dejar que Dios nos liberase de nuestros defectos"*

Séptimo Paso: *"Humildemente le pedimos que nos liberase de nuestros defectos".*

Octavo Paso: *"Hicimos una lista de todas aquellas personas a quienes habíamos ofendido y estuvimos dispuestos a reparar el daño que les causamos".*

Noveno Paso: *"Reparamos directamente a cuantos nos fue posible el daño causado, excepto cuando el hacerlo implicaba perjuicio para ellos o para otros".*

Décimo Paso: *"Continuamos haciendo nuestro inventario personal y cuando nos equivocábamos lo admitíamos inmediatamente"*

Undécimo Paso: *"Buscamos a través de la oración y la meditación mejorar nuestro contacto consciente con Dios, como nosotros lo concebimos, pidiéndole solamente que nos dejase conocer su voluntad para con nosotros y nos diese la fortaleza para cumplirla".*

Duodécimo Paso: *"Habiendo obtenido un despertar espiritual como resultado de estos pasos, tratamos de llevar el mensaje a los alcohólicos y de practicar estos principios en todos nuestros asuntos".*

Reprinted with permission of Alcoholics Anonymous World Services, Inc. New York, NY

Un Curso de Milagros

Un Curso de Milagros "Un Curso en Milagros" es un conjunto de tres libros, obligado como uno, que incluye un Texto, Libro de Ejercicios, y un Manual para Profesores. Estos libros son inspirados con el desarrollo de los conceptos de amor y perdón a través de la experiencia de los milagros, o en otras palabras, los cambios en la percepción. A través de estos cambios interior, las emociones de culpa, enojo y el miedo puede ser visto como "llamadas de amor", cambiando las situaciones dolorosas a gozo.

El Texto desarrolla la teoría de la "psicoterapia espiritual" donde el lector/estudiante puede reconocer la dinámica de dolor que se siente cuando se separa de Dios. También se aprende a explorar el proceso de recordar la unidad espiritual con el perdón en las relaciones.

El Libro de Ejercicios para estudiantes ofrece clases de meditación diaria, y guía al estudiante a través de una progresiva aproximación satisfactoria a la vida.

El Manual para Maestros llama atencion a las preguntas que surgen naturalmente de la lectura y la aplicación del Curso.

Quotes are reprinted with permission of the Foundation for Inner Peace, Tiberon,CA.

INTRODUCCIÓN— J.R. RICHMOND . . .

Yo tenia 5 años de ser un miembro sobrio de Alcohólicos Anónimos, cuando "Un Curso en Milagros" apareció en mi horizonte. Yo había sido un estudiante de Carl Jung, William James, RW Emerson, Edgar Cayce, Ramakrishna, Rajneesh y varios distintos maestros. En el Curso encontre un contexto que no sólo mi satisfacción intelectual, pero lo más importante, mi necesidad emocional de hacer conocido mis experiencias. Me ayudó a entender a mí mismo. Si AA me ofrecio el esqueleto, el Curso me ofrecio la carne. Sin mi experiencia en AA, el cuerpo habría sido sólo egotistic que podría haber colgado mi sombrero. Tal como es, uno cultivo y perfeccionado el otro.

Soy consciente que algunos de ustedes que son "miembros de buena reputación" de AA podría haber hecho un mejor trabajo. Estas son mis experiencias y no están en absoluto concluyente para mí ni deben ser la última palabra para nadie.

No he tenido sobriadidad, porque la necesitaba, sino porque yo la quería. En el proceso, es importante celebrar y participar en mi recuperación, de mi nueva vida. Me enteré que esta nueva vida no es un concurso donde hay ganadores o perdedores. Que la alegría nunca se encontró mediante la comparación de mí mismo con otros, pero mi amor y el perdón de mí miso. Dado que no hay nada que ganar no hay necesidad de prisa. Un momento pasó la vida amorosa puede durar para siempre. El costo de esta nueva vida, es su voluntad de renunciar a la antigua. Requiere un renacimiento de muerte. No todos a la vez, pero de acuerdo a su capacidad de amar y perdonar a ti mismo. Usted no lo hace, es hecho por usted, si usted lo permite.

Mi forma de vida hoy se ha convertido en una vida sencilla y puede explicarse en unas pocas frases: En la vida se nos presentan las situaciones. Estos son juzgados bueno o malo, doloroso o agradable, dependiendo de nuestra opinión de "cómo debieran ser las cosas." Sin nuestra opinión, las cosas son lo que son. Así que lo que es apropiado, reír, llorar o cambiar el neumático y seguir adelante. No es necesario tener una opinión al respecto. Sin su opinión, la vida puede ser bella y la muerte no es más que un cambio de su situación de vida.

INTRODUCCIÓN — BETTE JEAN CUNDIFF...

Desde 1977 he tenido el placer de no sólo asistir a conferencias, sino también en lecturas y clases sobre los"Milagros". Se me hizo evidente que cerca de un tercio de los participantes de estas clases y conferencias eran miembros de Alcolicos Anonimos o un otro programa de Doce Paso . Obviamente, hubo una importante conexión entre estas dos disciplinas. Y forme la opinión de que los Doce Pasos es una disciplina espiritual, que yo después de leerla se formo, como una parte de mi estudio continuo de materiales de apoyo para mi progreso espiritual.

John Randolph y yo hemos sido amigos desde 1978 y han tenido la satisfacción de muchas conversaciones sobre la filosofía de crecimiento espiritual expresada a través de "Un Curso en Milagros" y los Doce Pasos. Era natural que hemos decidido poner estas observaciónes en forma de esta publicaccion, para que otros tenga la oportunidad de explorar estas medidas.

Cuando John Randolph expreso sus pensamientos y sentimientos acerca de cada Paso, encontré de inmediato la correlación con el curso. Mi propósito en la elección de ciertas frases de "Un Curso en Milagros" no era para elaborar un panorama completo del curso, sino simplemente para mostrar la correlación a un paso. El Curso es tan poderoso, que me fue necesario dejar la seleccion de estudio a mi Poder Major. Estoy seguro de que otros estudiantes pueden encontrar mejores ejemplos de estudio. Sin embargo, estos fueron los que me sentí guiada a incluir.

Tanto los Doce Pasos y "Un Curso en Milagros" comparten la misma meta - la sanidad mental y la paz de la mente. Con este fin ofrezco estos pensamientos y observaciones en este libro.

Que sea de servicio a usted.

Primer Paso

"Admitimos que éramos impotentes ante el alcohol, que nuestras vidas se había vuelto ingobernables".

El admitir que no tenia poder sobre mi bebida fue facil. Aceptar que no podía detener o controlar a mí mismo era imposible. Yo necesitaba llegar a un estado de desesperanza y desesperación del que no había ninguna fuga.

De principio dije que podía parar de tomar si en realidad quería . Los que fracasaron eran débiles y tontos. Hacia el final, era "yo" que no puedia ser salvado y los que había encontrado la salida tenian algo que yo carecia. Yo no tenia otra salida. Mis mejores ideas me habían metido en el estado que me encontraba: "No, no quiero morir así." Le rogaba a los que he rechasado.

De esta desesperanza, la entrega ocurrió. No era mi idea, porque "yo" había hecho todo lo posible. La obsesión de beber se levantó. Mi fracaso se había convertido en mi avance! La entrega fue la victoria.

Esto fue sólo el comienzo, el primer paso en mi recuperación. Me volví dispuesto a escuchar, a cambiar de opinión. El dolor me ha hecho un buen estudiante.

A menos que los hábitos y costumbres de toda una vida se han cambiado, esta entrega será olvidada. Esto se me dijo por aquellos que habían ido antes, y el milagro de los milagros, les creí!

*"La resistencia al dolor puede ser grande, pero no es ilimitada. A la larga, todo el mundo empieza a reconocer, por muy vagamente que sea, que **tiene que** haber un camino mejor."*
Un Curso de Milagros, Texto, página 23

Todos eventualmente desimos "Basta!" Reconocemos que las vías anteriores que hemos seguido, todos los intentos de control de nuestras vidas, la manipulación de todas las relaciones, el enojo y la culpa no nos han ayudado y producido una verdadera liberación. Eventualmente todos dicen: " tiene que haber una mejor manera."

Hasta que este punto se alcanza, seguiremos probando métodos basados en el dolor, que prometen alivio. Hasta que el dolor se vuelve demasiado insoportable, comensamos a racionalizar que es necesario buscar otros metodos de conducir nuestras vidas.

Llegamos al punto que estamos dispuestos a apostar en cualquier cosa que ayude. No debe quedar una chispa de esperanza de que los métodos que utlizamos anteriormente nos servieron bien , que no existe una pizca de duda en la eficacia de los metodos nuevos, y que la desesperacion final se alcanzo. La desesperacion final es unica para cada uno de nosotros. Nadie puede decidir por usted cuando usted ha tenido bastante dolor y ningún incidente será el motivador - cada uno de nosotros elegir nuestro propio límite. Pero la experiencia será la misma: Ya no sentimos que somos capaces de controlar cualquier aspecto de nuestras vidas sin los desastres y lo que intenta desesperadamente encontrar es la liberación.

Despúes de todo, ¿qué tenemos que perder?

Segundo Paso

"Llegamos a creer que un Poder superior a nosotros mismos podría de-volvernos el sano juicio".

Si su vida tuvo éxito, no tuviera que poner su fe en la existencia en un Poder Major ¿Por qué compartir el crédito? Que "mis" esfuerzos han fracasado, y que la admisión a través de esta obsesión por la bebida se han terminado, fue increíble para mí. Tuve que reconocer que había algo en el trabajo en mi vida que había hecho sobriedad ocurrir cuando todos mis esfuerzos fueron inutiles.

En el primer momento que tomé el Poder a la conciencia colectiva del grupo. No podía creer que un "barbudo, viejo simpatico sentado en un sillón" es encontraba dirijiendo los destinos de los hombres. Dado que este seria el paso de vida desde mi niñez, dirijido por Dios, no fue una maravilla de que me decidí a sentarme en su trono aquí en la tierra.

Mi voluntad de situar este Poder y la confianza en el grupo fue el comienzo. Simplemente poder pensar claramente, y yo estaba dispuesto a cambiar de opinión acerca de mis ideas de cómo fueron las cosas, o debería ser, fue revolucionario.

Yo no sabía lo que era mejor para mí, y que existe un Poder Superior que podría restablecer a la salud y la sanidad, era algo que estaba dispuesto a reconocer. El hecho de que yo estaba sobrio fe de la existencia de algo más allá de mi propia voluntad y comprensión.

La progresión de este paso en mi vida puede ser mejor descrita como no creer que existe una mayor potencia mayor que yo, o mi ego; que quiere venir a creer en una energía superior a mí (poder querer es muy importante); llegar a creer en el Poder y, finalmente, llegar a conocer. Creencia de que ya no es necesario. Mi voluntad de intentar a reconocer nuevas ideas , hizo toda la diferencia.

Bette Jean Cundiff

"O Dios está loco o bien es el ego el que lo está . Si examinas imparcialmente las pruebas que ambas partes presentan, te darás cuenta de que eso tiene que ser verdad."
Un Curso de Milagros, Texto, página 214

Ponemos tanto esfuerzo en separar la felicidad de nosotros mismos. ¡Oh, tenemos la meta de la felicidad delante de nuestras mentes y, constantemente, procedemos a utilizar todo lo que tenemos a nuestra disposición, nuestros pensamientos, nuestros amigos, nuestras actividades, para trabajar en contra de este objetivo. Así, nuestra mente se dividió y la locura tiene que seguir. Conflicto se convierte en la forma de vida aceptable. En lugar de mirar la verdadera causa del dolor en el conflicto objetivo y el método-que en lugar de intentar, buscamos hacer el conflicto "más pacífico".

En un momento nos dimos cuenta que estamos haciendo algo mal y todos nuestros esfuerzos nos llevaron al fracaso. En este punto estamos dispuestos a admitir este fracaso y aceptar que tal vez podría haber otra manera de manejar nuestros problemas. La solucion tenia que ser superior a nosotros mismos. Con mucho gusto podríamos admitir nuestra debilidad y aceptar la quianza de alguien o algo que nos puede llevar de vuelta a la sanidad.

El primer paso es el reconocimiento de nuestro propio fracaso, el segundo paso implica el deseo y la voluntad de, al menos, poner nuestra fe en metodos que no son de si mismo. Sólo arrogante terquedad nos podría causar tanto dolor por tanto tiempo, y sólo la voluntad de admitir que puede haber algo o alguien que sabe más que nosotros y nos puede ayudar.

Cada milagro de la paz comienza a demostrar que hay una manera mejor. Estábamos locos, pero la Sanidad se puede encontrar.

Tercer Paso

Tercer Paso   J. R. Richmond

"Decidimos poner nuestras voluntades y nuestras vidas al cuidado de Dios, como nosotros lo concebimos".

Mi voluntad propia me ha llevado al desastre. Tal vez la voluntad de Dios sera diferente. Tomando esta decisión y diciendo, "Vamos a ver si hay otro desdino que pueda orientar mi vida", Yo estaba tomando la responsabilidad de todo el esfuerzo, pero no por los resultados. Yo estaba dispuesta a dejar que alguien o algo a demas de mi conduciera el autobús, y confiar que funcionara .

Primero tiene que tener un poco de confianza. Tuve que poner mi fe en "EL" para que me ayudara con el trabajo presente y las situaciones que parecían estar bloqueando mi esfuerzo . Mi lugar en este esfuerzo era hacer mi mejor trabajo posible y confiar en Dios y el se engargara del resto. Mi confianza crese cada vez que pongo empeno en las pequeñas cosas y estoy dispuesto a confiar más, vine a ver que hay un poder superior a mí mismo. La sensación en el Primer Paso es que Dios (un Poder Superior) ha decidido por mí. Ahora, en la Tercera Paso se me pidió que elegir él o ella. (O lo que sea—la etiqueta no importa nada más. Llámalo Yahvé o el Gran Espíritu, lo importante era hacer un llamamiento a la misma.)

Este fue el comienzo. He aprendido que no hay que mirar en el futuro. Solo tengo que hacer lo que debo hacer para el día de hoy y confío en que mañana será atendido. Hay un poder orientando mi vida. En curso de que se está orientando no necesito saber. Solo tengo que confiar en que si hago lo que tengo que hacer hoy, el resto será atendido.

Esta decisión ha funcionado bien en los tres primeros meses, pero asi mi mente y el cuerpo mejora, mi ego, que había tomado unas vacaciones para evitar la vergüenza de mi muerte inminente, regresó. Empecé a tomar sutilmente mi voluntad propia criendo de nuevo que yo sabía lo que era mejor para mí. En este punto, yo estaba listo para el Paso Cuatro.

"Debo haber decidido equivocadamente porque no estoy en paz. Yo mismo tomé esa decisión, por lo tanto, puedo tomar otra. Quiero tomar otra decision porque deseo estar en paz. No me siento culpable porque el Espíritu Santo, si se lo permito, anulara todas las consecuencias de mi decisión equivocada. Elijo permitírselo, al dejar que Él decida en favor de Dios por mi.

Un Curso de Milagros, Texto, página 99

Esta oración se convierte en el primer paso constructivo hacia adelante. Hasta ahora hemos, simplemente reconocido y aceptado nuestras deficiencias y debilidades. Ahora necesitamos decidir que vamos a tener mas confianza.

El simple reconocimiento del poder de hacer decisiones conduce la avertura del cerco. Entregando nuestra mente con todas sus miedos, culpa, furia y necesidades, al Espíritu Santo, estamos diciendo que ya no están en control de si mismo. Entregamos este control a las personas que saben qué hacer con el.

Cada milagro, cada vuelta cada resultado es prueba de que hay un Espíritu Santo quién sabe qué hacer para nosotros. O, en otras palabras, Su Voluntad es nuestra voluntad. Así, cada milagro se construye mas fuerte la fe en Dios.

De primero llevamos nuestros problemas y pronto le llevamos nuestro dolor, sin especificar. A través de la práctica nos encontramos con que no importa el problema que se le lleve al Espíritu Santo, no importa su tamaño o su aparente importancia, desde lo trivial a la catástrofe, la respuesta se convierte en lo mismo: Nuestras preocupaciones son calmadas y nuestras vidas si lo permitimos, se condensan en el instante de Ahora.La curación del dolor se alcanza.

Cuarto Paso

Cuarto Paso   J. R. Richmond

Sin miedo hicimos un minucioso inventario moral de nosotros mismos".

¿Cuál fue mi "voluntad" para mí mismo? Las cosas tienen que ser a mi manera? Sentía que si no era yo quien tenia el control, no iba a suceder. Mientras todo el mundo siguió mi esritura, yo creía que todo funcionaba. El problema es que las esrituras que había escrito para mí mismo y otros han traído sufrimiento y dolor.

¿Donde falte en mi vida? ¿Qué actitudes y opiniones que he formado me conducían a la catástrofe? Me vi a mí mismo como una víctima de los padres y la sociedad. Empecé a reconocer a mí mismo como un egomaniatico con un complejo de inferioridad. . . Yo era un alcohólico! Escribiendo he podido ver cómo he jugado una parte en esta tragedia llama mi vida. Miré hasta mi interior, quizás por primera vez.

Esta iba a ser una busca y un inventorio audaz, pero sólamaente pude ver hasta cierto punto. Reconociento todos mis defectos de un golpe fuera sido demasiado dificil de comprender. Se me presentaron, según mi capacidad de entender. Esta capacidad ha crecido a lo largo de los años, por lo que soy hoy en día se reconoce que estos errores han estado conmigo durante muchos anos pero no los vea. Reconociento mi sensibilidad a mí mismo, me hice más consciente de cómo había sido inconsciente.

Escribiendo esto me dio una idea de cómo "Randy" funcionaba en su vida. Pude ver que había sido siempre un critico audaz, crítico y cínico de los demás y yo mismo. El resultado negativo de este se hizo evidente. . . Yo era negativo! Tenía que ser justo con mi mismo. Esto me hizo discontinua con el antiguo Randy y me he dado cuenta de Randy y el centro de sus temores por primera vez.

"Nadie puede escapar de las ilusiones a menos que las examine, pues no examinarles es la manera de protegerlas."
Un Curso de Milagros, Texto, página 224

Mirando de cerca la profundidad de nuestras propias faltas no es una tarea fácil. Nosotros sabotamos casi todo lo posible . Esta es la razón que miramos nuestras ilusiones, y los errores o defectos, no es el primer paso en el proceso. En primer lugar debemos reconocer nuestra incapacidad para hacer nuestra vida funcionable. Acepte al Espíritu Santo Quién quien va a ser nuestro Guía y Consolador en este oscuro viaje dentro. Preparado con la motivación correcta y la Guía, podemos comenzar a mirar el incorrecto funcionamiento de nuestras mentes.

Ser honesto se convierte en la clave aquí. Ponemos mucho esfuerzo en nuestra base de endulsar nuestros motivos. Nos llamamos justicia indignada. Corregimos las fallas en otros con un "humilde" sentimiento de superioridad. Nos convertimos en mártires y permitimos que nuestros hijos corran libres. El ser honesto examina estas emociones y los encenia como lo que son - los intentos de controlar el mundo a través de la ira y la culpa para satisfacer nuestras necesidades y deseos al costo de todos los demás.

Permita que el Espíritu Santo, camine con usted y con su brillo de luz de entendimiento sobre cada sombra. Cuando muestra la verdad . Usted está equivocado y temeroso, pero el amor de Dios que le une a Él y todo el mundo sigue intacto. Las sombras comienzan a desaparecer.

Sin embargo, permita un rincón oscuro y el dolor seguirá siendo suyo.

Quinto Paso

"Admitimos ante Dios, ante nosotros mismos y ante otro ser humano, la naturaleza exacta de nuestros defectos".

Algunas veces hubiera robado dinero, hubiera mentiro o herir personas, especialmente a los que mas quiero. Me sentía culpable, y mantenia secreto estas cosas dentro de mí. Estos "pecados" me han comido dentro de mi, al punto que me avergüenzo de estar con mi prójimo. Sentí una profunda indignidad y por eso bebía solo, temeroso de la sentencia, la condena, o lástima de los demás. Si supieran me hiban a odiar. Si supieran cómo yo estaba temeroso se aprovecharan de mi. Tuve que cubrir todo esto. Se me pidió que confesara mis errores, compartir con Dios esas cosas que eran feas. Pero lo más difícil de todos, se me pidió compartir con otro ser humano.

Esto significo que tuve que confiar en otro ser humano con mi basura, y el miedo y la culpa que yo había jurado llevar a mi tumba. Al compartir con otra persona, yo corría el riesgo de dejar que alguien mas reconociera quién era yo, el pequeño yo, el pequeño Randy y no la proyección que quería yo que todos vean.

En el proceso de esto me convirti en humano. Ya no era yo el mismo, manteniendo estos secretos. Yo me había excluido de la vida a causa de las cosas horribles que había hecho. Por hablar con alguien me trajo de nuevo en el redil humano. Ya no tenía un pasado que constantemente amenazó con revelar en el presente. El gato estaba fuera de la bolsa.

Yo había sido un extraño - compartiendo con otro yo me había convertido en humano de nuevo.

"La serena luz en la que el Espíritu Santo mora dentro de ti es sencilla-mente una luz dondo todo está al descubierto, dondo no hay nada oculto, y, por ende, donde no hay nada que temer. . .Lo que se mantiene fuera del alcance del amor no puede compartir su poder curativo, pues ha sido separado de él y se ha mantenido en la obscuridad."

Un Curso de Milagros, Texto, página 315

Este paso es una continuación de la anterior y muy necesaria pro-fundización del proceso. Debemos dar nuestras faltas al Espíritu Santo. Sin tener estas oscuras piedras angulares que permitirán a nuestras mentes siguen temerosos de la pena solicitada por nuestros sentimientos de culpabilidad. Pero tomando todo y cada uno para que el Espíritu Santo le permite brillar su luz en la comprensión de estos errores. Así, el perdón comienza a entrar en nuestras mentes.

Tenemos que caminar de esta manera con otro amigo. Tenemos que abrir la honestidad en la gente que nos rodea. No es necesario hablar de todos sus defectos a todos, pero un amigo cercano, un consejero de al-gún tipo, o la terapia de grupo puede darnos un lugar seguro en el que mostrar nuestros verdaderos colores. Al reconocer que todos comparti-mos la culpa interno y oculto dolor, juntos podemos reconocer la necesi-dad de dar el perdón. Por la liberación de los demás podemos liberarnos.

La comprensión de un amigo que escucha , el amor que Dios re-fleja y también te escucha y te ama de todas maneras. Encontrando el apoyo para entrar en la luz y encontrar su libertad, también reconocen la necesidad de dar el mismo apoyo a los demás y librerase de culpa y el dolor interior. El proceso de liberación trae liberación. Traten de mirar dentro de Si Mismos y compartidiendo recibiran sabiduría y comodidad.

Sexto Paso

"Estuvimos enteramente dispuestos a dejar que Dios nos liberase de nuestros defectos"

Yo pensaba que quería mi defectos eliminados. Lo que encontre fue que estos defectos son mi personalidad. Yo no estaba dispuesto a dejar ir de ellos. Esto se convirtió en un largo proceso. Yo primero tenia que ver como me perjudicaban,y destruyian la paz de mi mente, antes de que yo estaría dispuesto a dejar irlos. Yo estaba totalmente dispuesto a veces, otras veces parcialmente, dispuesto la mayoría de las veces, pero nunca totalmente listo todo el tiempo.

Para totalmente prepararme a aferendar mis defectos y poder dejarlos ir, significa confianza total a Dios que me protegiera donde yo había fijado mi espada. Necesitaba confiar en Dios para que protegiera a Randy que él percibbia como un enojado y vengativo mundo. Porque mi fe es aún inestable que sólo estaba dispuesto a confiar en Dios de parte del camino. Yo estaba dispuesto a estar listo. Lo que faltaba, pues, y esto lleva tiempo, fueron las experiencias de la vida que me mostró los defectos de carácter en la acción, de mantenimiento de mí disfrutar de una vida plena.

Tuve que reconocer que la protección nececitarias eran las partes que me mantienen en no poder disfrutar de la paz y la serenidad que yo buscaba. .. cosas como el orgullo, la preocupación por la reputación y las apariencias, la necesidad de ser apreciada y la necesidad de tener siempre la razón.

El temor daba las órdenes, Defender! Justificar! Proteger! Tuve que estar dispuestos a confiar en un nuevo comandante, cuya voz le susurró, "Dejalo Ir."

"No es necesario que yo la prepare para Él, sino tan sólo que no interfiera en Su plan para reinstaurar en mi la conciencia de que estoy listo, estado éste que es eterno. No tengo que añadir nada a su plan."
Un Curso de Milagros, Texto, página 425

Cada paso nos ha acercado a las zonas más oscuras y más profundas de nuestra mente. Aquí el perdona a lo largo de toda la vida, quizás muchas vidas, reside. Aquí es donde tenemos que mirar al enojo, el miedo y los más dolorosos pensamientos y ofrecerlos al Espíritu Santo quien es el que tenien la solucion.

Nunca el Espíritu Santo, condenara o castigara. Él sólo nos muestran la verdad acerca de nosotros mismos. En este caso, como la luz se lanza en los oscuros recovecos de nuestro ser, vamos a ver la gloria que ha sido ocultado por nuestros temores y mecanismos de defensa. Nuestros pensamientos oscuros ocultó no sólo nuestra propia gloria, sino la belleza de nuestros hermanos también. Ahora se nos da una manera de encontrar la verdad, una vez más, y liberarnos de la liberación de nuestros hermanos a través del perdón de todos los errores que hemos hecho y visto.

Este proceso es lento, pero es seguro! No podemos dejar una piedra oscura en nuestra mente sin recurrir al Espiritu Santo para su corrección. Este paso tiene una vigilancia constante, y aunque al principio nos débilmente caminamos nosotros mismos a través de este nuevo camino, cada intento trae cierto éxito al la construcción de un mayor y una mayor capacidad de ser libre y honesta dispuesta a confiar en Aquel que lo sabe. Tenemos que hacer nuestra parte, pero también tenemos que permitir que Él Espiritu Santo hagan su trabajo.

Séptimo Paso

"Humildemente le pedimos que nos liberase de nuestros defectos".

Inevitablemente, he intentado hacer la obra de Dios para Él. Como aún no habia una clara distinción entre mi voluntad y la Voluntad de Dios, mi tiempo y el tiempo de Dios. Determine ser honesto, de tener confianza, ahorrativo, limpio y valiente y reverente. No lo logre hacer. Los cambios que hice fueron superficiales, pero sólo la superficie cubierta. Temor en la realidad, crear una imagen de mí mismo y en el proceso negaba lo que no se ajustaba a mi nueva imagen de la que quería yo ser. Por mi propio yo no podía esperar para cambiar los hábitos y costumbres que he llevado toda la vida. En el Primer Paso, tuve que aceptar que era impotente sobre el alcohol, ahora en el Paso Siete, tengo que reconocer mi impotencia para cambiar incluso el menor de mis defectos.

Una vez más mi voluntad en cambiar, un sincero deseo de saber quién soy yo realmente, y una creciente conciencia de que no sabía cómo o qué hacer para lograr esto, me dio la humildad para pedir la ayuda de Dios. Es verdaderamente increíble la experiencia de paz que siguió la aceptación de mi fracaso. Al admitir mi debilidad me di fuerza. Al aceptar mi ignorancia, se me dio conocimiento.

Todos mis defectos no se eliminan en un solo trazo, sólo aquellos de los que yo estaba totalmente listo para librarme de ellos. Cuando estos fueron eliminado, un conocimiento más profundo, otra capa se puso de manifiesto, como el pelado de una cebolla. Empecé a experimentar mi vida como un viaje a través de estas capas de mí mismo, caminado a una destinacion aún desconocida . Sin embargo, hubo revelaciones pequenas.

Un gran hombre no tiene miedo parecer pequeño, sobre todo a sí mismo—este se ha convertido en mi credo.

> *"No puedes ver a tu Invitado, per puedes ver los dones que trajo. Y cuando los contemples, aceptaras que Él debe estar ahí. Pues lo que ahora puedes hacer no podrí as haberlo hecho sin el amor y la gracia que emanan de Su Presencia."*
>
> Un Curso de Milagros, Texto, página 686

Con cada milagro de la paz mental que entra en nuestras vidas comienzamos a darnos cuenta de que algo mas potente esta trabajando. A pesar de que había un deseo de convertir nuestras vidas al Espíritu Santo, no confiamos totalmente en Él. Hemos tenido que caier al fondo y estár dispuestos a cualquier cosa, porque no podía ser peor que lo que ya estaba en nuestras vidas. Cada vez que pidimos prudencia y ayuda, para salir del desastre en que estamos , un potente cambio en nuestras mentes se nos dio , lograr la paz y la libertad. Esto nos dio la fuerza necesaria para afrentar nuestros temores más grandes. Hemos encontrado la idea de reconocer la llamada de ayuda, más que la aparente ataque de nuestros hermanos. Hemos encontrado la gratitud que proviene de saber que siempre están protegidos.

Estos cambios en la percepción de gran alcance han llevado a una creciente fe. Como hemos visto mirar nuestro mundo más feliz y más esperanzadora, nos dimos cuenta de algo ha estado allí para ayudarnos. A medida que nuestra fe crece, también lo hace nuestra convicción de continuar con este proceso a toda costa. Hemos encontrado la respuesta a cada problema, cada dolor, cada miedo. Y funciona.

Nos convertimos en más alegres y dispuestos a buscar las zonas todavía oscuras y escondidas en nuestra mente. Pero no con el fin de revivir y analizar lo que salió mal. No, sino que simplemente están aprendiendo a mirar, reconocer un sentimiento de miedo o la ira, y luego pedir una vez más por el Espíritu Santo para entrar en nuestras mentes y nos muestran su perspectiva.

Con cada turno que senos da, el mundo comienza a brillar con una luz interior y levantar nuestros corazones.

Octavo Paso

Octavo Paso   J. R. Richmond

"Hicimos una lista de todas aquellas personas a quienes habíamos ofendido y estuvimos dispuestos a reparar el daño que les causamos".

En el curso de los últimos Pasos de trabajo, nombres y situaciones, naturalmente, llegó a la mente - las cosas que yo estaba avergonzado de que me había hecho a otra persona. Esto se convirtió en una lista de "Lo siento". Este paso simple sentía porque no tiene que hacer nada, todavía.

No se enumeran todas las cosas, porque yo todavía estaba aprendiendo a reconocer el carácter de los defectos que causaban a necesidad de hacer enmienda. Se convirtió en fácil de reconocer lo obvio enmienda a un amigo o la esposa. Sin embargo, como yo crecí en la comprensión y el conocimiento, la lista se hizo más largo. La lentitud del proceso era el de proteger a mi mismo. Así que, como asumió la responsabilidad de lo que yo estaba consciente, se reveló más. (No se le da más de lo que puede manejar, aunque no lo parezca. Sepa que si usted la ve, puede manejarlo.) Y por lo que este Paso, como todos los Pasos, se convirtió en curso en todo mi vida. No he acabado el paso tres y luego con el Paso Cuatro.

Mi primera se centrará en mí y poco crudo porque no se abren al instante y la voluntad, pero yo estaba dispuesta a considerar. Como mi fortaleza y confianza en Dios y en el Programa creció, se me muestra más y más casos en los que estaba en falta y en el error. Mi creciente confianza en un Poder Superior traído consigo una creciente confianza de que podía dejar de lado el pasado, si yo quería. Simplemente por no olvidar, pero por mi voluntad de corregir lo que he podido, para perdonar y ser perdonados.

"Cuando te sientas tentado de atacar a un hermano, recuerda que su instante de liberación es el tuyo. Los milagros son los instantes de liberación que ofreces y que recibirás. Dan tesimonio de que estas dispuesto a ser liberado y a ofrecerle el tiempo al Espíritu Santo a fin de que El lo use para Sus propósitos."

Un Curso de Milagros, Texto, página 336

El perdón se está convirtiendo en una parte activa de nuestras interacciones con la gente del pasado, presente y será en el futuro. Anteriormente en el pasado, cada vez que vimos la necesidad de defendernos nosotros mismos hemos cerrado fuera de los demás. Esto dio lugar a la privación espiritual, porque es sólo a través de la conexión de nosotros con todo el mundo y todo lo que podemos sentir nuestra conexión con Dios. Ahora, al empezar a mirar nuestra vida, pasado, "pecados" vienen a la mente. Esto no es un proceso fácil. Nosotros todavía quiere mantener estos pecados ocultos porque nuestro sentido de que debemos ser castigados por ellos. Somos probablemente también seguir protegiendo a nosotros mismos por la proyección de la culpa hacia el exterior, colocando la causa del pecado de otra persona a través de la ira.

Ahora es el momento de detener esta tendencia y permitir que el Espíritu Santo nos muestre el perdón de todos y cada situación-pasado, presente y futuro. Como vemos esta nueva interpretación, denominada perdón, nuestros pecados se pide la ayuda de otros, y otras peticiones de ayuda de nosotros. Esto trae alivio a nuestras mentes. Ahora estamos a la apertura de una perspectiva verdaderamente amante y la respuesta, y de este modo la corrección de todos los errores ocurren.

Estamos aprendiendo a reconocer que lo que creía que era pecado exigiendo castigo, pero fue un error en la necesidad de correcciones. Y el proceso de corrección y la liberación está a nuestra disposición - el Espíritu Santo.

Noveno Paso

"Reparamos directamente a cuantos nos fue posible el daño causado, excepto cuando el hacerlo implicaba perjuicio para ellos o para otros".

Ahora se inicia un proceso de discriminación. Si tuviera que ir a alguien y decir, "Lo siento me acosté con tu mujer", y se divorciaron como resultados , mi conducta no fue muy responsable. He creado más mal que bien de mi debilidad, y es probable tenga que pedir perdon varias veces en el futuro. El propósito de este Paso no es para deshacerse de su culpa al precio de otras personas . El punto es para sanar el pasado y librase a un futuro que no es necesario sentirse culpable.

Esperando ser perdonado o esperando cierto resultado es senia de desastre. Si le pregunta al alguien : "Le robe su dinero pero espero que usted entienda. .", Y las respuestas con coraje son," No, yo no entiendo, yo perdí todo mi dinero, por culpa tuya! ". . . Si no esta dispuesto a hacer la restitución, es mejor esperar un mejor momento.

En pedir perdón, recuerde que tiene que tener humildad, con la conciencia de que usted ha tratado injustamente a esta persona, y no de la egotistic deseo de reconocimiento de un gran y benévolo de su parte. En este caso, hacer el esfuerzo, usted mismo y deje extender los resultados a Dios. Si su corazón está en el lugar correcto que no tienen nada que temer.

Una vez más, sus esfuerzos cuando los estudia más adelante, puede parecer débil. Me tomó nueve años para darme cuenta de que no sólo debemos una disculpa a mi padre por todo lo que lo puso a través, pero necesitaba darle las gracias por todo lo que había tratado de hacer. El tiempo no es importante, pero con el tiempo se llega a ver que la mayor enmienda que se debe a sí mismo. El enojo o culpa que sientes acerca de alguien o algo que te duele, y tienes que perdonar a ti mismo.

"No hagas nada, pues, y deja que el perdón te muestre lo que debes hacer a traves de Aquel que es tu Guía, tu Salvador y Protector, Quien, lleno de esperanza, está seguro de que finalmente triunfaras. Él ya te ha perdonado, pues ésa es la función que Dios el encomendo. Ahora tu debes compartir Su función."

Un Curso de Milagros, Libro de Ejercicios, página 434

A lo largo del tiempo, el proceso de ir y encontrar dentro de una orientación para las acciones ha seguido el mismo formato. Uno medita y permite un sentido más profundo de entendimiento para llegar a la superficie. Como tenemos este próximo paso que ponerse en contacto con la Esencia, que sabe qué hacer en cada momento.

La continuación del proceso de perdón se convierte en nuestro objetivo en la vida. Hemos comenzado a ver el mal de nuestras decisiones. Sin embargo, no importa cuán equivocados otros podrían haber sido, que estamos aprendiendo corrección debe empezar con nosotros. Aquí es donde nuestro sentido de la indignidad y la culpa se inició y se proyectó sobre el mundo. Aquí es donde comenzó la negación y defendió a costa de la felicidad y la vida misma. Aquí es donde la causa de la infelicidad se colocó - en el pueblo más cercano y querido para nosotros. Y aquí es donde comienza el perdón. Al permitir que el Espíritu Santo que nos muestra la belleza de la gente a nuestro alrededor, empezamos a sentir gratitud por su presencia en nuestras vidas. Ahora estamos abiertos a la verdad haciendo y diciendo los más amantes de las cosas.

Desde ahora es el único momento que hay, perdón corrige el pasado en el presente y, por tanto, libera el futuro. Le han dado sus hermanos y hermanas de la libertad y han encontrado su propia libertad.

Décimo Paso

Décimo Paso   J. R. Richmond

"Continuamos haciendo nuestro inventario personal y cuando nos equivocábamos lo admitíamos inmediatamente"

En este punto de mi programa, la capacidad de reconocer mis faltas y mi voluntad de corregirlos con la ayuda de un Poder Superior se ha convertido establecido. Vi que era difícil evitar lo doloroso o fue una forma de vida que la vida no significa en absoluto. Decir o hacer lo que yo reconocia ser doloroso o mal a otro fue dificil para mí.

Proclamando en voz alta mi inocencia y la estupidez de otro me dejó sentiendome culpable y avergonzado. Cuando traté de ganar la batalla, he perdido la guerra. Nadie quiere estar equivocado, te hace vulnerable y abierto a la crítica. Después de todo, no me reia en voz alta a los que ha derrotado y ha demostrado el error? Sin embargo, mi eres mas quierdos corrían de mi y yo me quedé solo y resentido. Estar solo no vale la pena. Ya no goza de la soledad que implica tener razón.

Mientras escribo esto, el recuerdo de la primera vez que fue capaz de reconocer a otro ser humano que estaba equivocado es fresco en mi mente. No sé si fue por error, pero lo hice. Me detuve en medio de la frase y pidi disculpas. Tengo la sensación en el momento todavía plantada en mi sienes. Me sentí la humildad y la fuerza. Ustedes que lo han sentido esta sensacion conocen la integridad que da. Para mí fue una experiencia inolvidable de la potencia oculta en la humildad. Como resultado de la admisión de mis propios errores, me hice mucho más tolerante y el perdón de los errores cometidos por otros. Nadie vive sin cometer errores, pero hay pocos que saben en realidad el amor propio es necesario para ellos.

Más tarde, si son persistentes, ustedes comprenderán que el bien y el mal son sólo opiniones sobre una situación. El punto de vista de cada persona es diferente. Cuando la sentencia se detiene, le permitirá a otros sus opiniones, mientras que usted mismo ha ido más allá incluso de la necesidad de tener una opinión.

"Aprender este curso requiere que estés dispuesto a cuestionar cada una de los valores que abrigas. Ni uno solo debe quedar oculto y encubierto, pues ello pondría en peligro tu aprendizaje."
Un Curso de Milagros, Texto, página 559

La vigilancia se convierte en una palabra clave ahora. No basta con simplemente quierer el cambio. No basta con decir simplemente: "Dios tomara el relevo." Ahora es el momento de ver en una vigilancia constante de los pensamientos que necesitan corrección. Podemos reconocer que cualquier estado emocional que no es totalmente feliz. Sorprendentemente, pedimos una justa indignación buena emoción y nunca notar el enojo subyacente. La alegría de ganar un argumento que no está expuesto como una cobertura de la culpa que proviene de la pérdida de lo que a alguien más. Ahora es el momento de ser íntimamente conscientes de nuestras propias emociones, el etiquetado correctamente y los que necesitan convertir a la corrección del Espíritu Santo.

Incluso una emoción que se conserven de perdón nos traerá dolor. Nuestras oscuras emociones, todavía oculta, a una culpa y continua sensación de indignidad. Indignidad exigencias de proyección de esta culpa a otro. Esto se conoce como el enojo y es un lamentable intento de librarse de sí mismo de este malestar. No funciona. Sólo se sienta peor.

Hemos comenzado a ver la inutilidad de esta acción y la necesidad de corrección mediante el perdón. No podemos fallar ahora! Debemos mirar a todos nuestro pensamiento con honestidad. Si no traen el pleno y completo de liberación y de alegría, entonces tenemos que darles la vuelta con rapidez para que el Espíritu Santo pueda funcionar.

La vigilancia es una palabra fuerte y pide que sea uno constante y difícil la libre investigación. Pero vale la pena!

Undécimo Paso

Undécimo Paso   J. R. Richmond

"Buscamos a través de la oración y la meditación mejorar nuestro contacto consciente con Dios, como nosotros lo concebimos, pidiéndole solamente que nos dejase conocer su voluntad para con nosotros y nos diese la fortaleza para cumplirla".

Si usted está esperando a Dios que se revela a usted, antes de que usted riesga creencia en Él, probablemente nunca disfrute de paz o de seguridad real. El deseo de creer, sin embargo inútil o insignificante que pueda parecer en el momento, es necesaria. Mi propia premisa se basa en el hecho de que yo estaba sobrio, así como el entendimiento de que, aunque requiere la cooperación y mi deseo, que no era suficiente. Yo necesitaba llegar al punto de aceptación de mi impotencia para detener, o en una palabra, la renuncia.

Y así, en este momento yo no estaba tratando de iniciar un contacto o experiencia de un Poder Superior, sino para expandirla. He aprendido que la Voluntad de Dios para mí no es diferente de mi voluntad para mí. Si elijo el dolor y el sufrimiento, la culpabilidad, el remordimiento y el miedo, eso es lo que yo voy a tener. Dios no interfiere. Cuando eligie con todo mi corazón de ser libre de ser borracho, sobriedad sucedido. Yo no lo hace - yo lo permití. Este es un Dios de mi entendimiento y mi experiencia sobre la base de lo que yo siento su intención para mí. Cuánto la paz, el amor y la alegría, la experiencia es igual a la cantidad que yo permitiré sentir.

En la medida en que tengo que controlar los que me rodean, a medida que voy a estar en conflicto. Antes, es importante convencer a los demás a ver las cosas a mi manera y si no es debido a su falta de inteligencia. Hoy, vivo mi vida de acuerdo con mi verdad, y extender esta elección individual a los demás. Nadie tiene que estar de acuerdo con mi modo de pensar. Para mí, la oración es hablar con Dios, la meditación es escuchar a Él y, a continuación, que dejar vivir a los demas. Créeme, lo más que escuchas lo mejor los resultados.

Si no sabemos el camino hacia Dios, confío en que Él sabe el camino para mí. Todo lo que debe hacer es permitir que El Hombre.

"A Él le encomendamos nuestros pasos y decimos "Amén". Continuaremos recorriendo Su camino en paz, confiándole todas las cosas. Y esperaremos Sus respuestas llenos de confianza, cuando le preguntemos cuál es la Voluntad de Dios en todo lo que hagamos."
Un Curso de Milagros, Libro de Ejercicios, página 522

Estos pasos son realmente sólo el comienzo. Nuestra vida será un curso, paso a paso, el viaje a una meta que sólo se parece en el camino, pero es la nuestra para disfrutar ahora.

Cada uno de nosotros podemos encuentrar los materiales, libros, talleres y disciplinas que contribuyan a reforzar este proceso para nosotros. Y cada filosofía ofrecerá lo mismo: Las respuestas están dentro. Encuentre su guía, y dejar que Él le muestre el camino.

Teniendo que seguir viajando hacia el interior la misma trayectoria aproximada. En primer lugar, reconocer que necesitamos ayuda. Siguiente tenemos que encontrar algún método que nos enseña la manera de preguntar. Y luego, importante, tenemos que estar dispuestos a quedarse callados y escuchar. El éxito de ruta no sólo ofrecerá una disciplina que nos enseña la meditación o la oración, pero hace hincapié en la aplicación práctica. Si no puede utilizar en su vida, sus relaciones, y en el trabajo, entonces el valor de lo que es?

En pocas palabras - que aprender a profundizar en la práctica diaria y, a continuación, hora, instante por instante a su vez a Él Quién sabe.

En "Un Curso en Milagros" el proceso es explicado detenidamente en el texto y les enseña a nosotros a través del rabajo de los estudiantes. Por la lectura y la práctica del curso se aprende a ir constantemente al Espíritu Santo, Quién nos da la respuesta pacífica. Ya no somos nosotros solos, por Aquel que entiende nuestro dolor, pero sabe exactamente cómo llevar a cabo de la miseria, se encuentra dentro de nuestra mente, siempre.

Duodécimo Paso

Duodécimo Paso   J. R. Richmond

"Habiendo obtenido un despertar espiritual como resultado de estos pasos, tratamos de llevar el mensaje a los alcohólicos y de practicar estos principios en todos nuestros asuntos".

Después de haber despertado espiritual, o más bien, despertó un espíritu, es lo que soy hoy. He permitido que sucediera, cada vez más se pone de manifiesto. No quiero influir en el lector demasiado en este campo, como cada uno de ustedes tendrá la experiencia que necesita para evolucionar y desarrollar su propia y única contribución importante a la totalidad de la realidad.

Consientemente, la práctica de estos principios en todos mis asuntos, se han convertido en parte integral de mi experiencia de mí mismo. Funcionan espontáneamente, sin mi detener la acción para investigar de mí mismo si estoy practicando un paso correcto y lo mejor de la capacidad. Sé que soy, porque cuando no estoy, lo siento!

En resumen, me permito ser quien soy, incluso si en el momento en que pasó a tener miedo o inseguridad. Eso es parte de la experiencia humana. Y después de todo, no puedo perdonar a mí mismo y los otros seres humanos. Principalmente, me gusta ser feliz. Esto, he encontrado, solamente yo puedo realizar. Ninguna circunstancia tiene el poder de dictar cómo yo me siente, a menos que yo le de ese poder. No he aprendido en un día, ni tampoco es siempre el caso, pero en su mayor parte es elegir cómo vivir hoy.

Mi experiencia de este Duodécimo Paso no es que yo lleve el mensaje, pero que yo soy el mensaje. Este mensaje que soy, comparto con quien está conmigo en ese momento. No hay ningún esfuerzo porque es lo que soy. Y esto es lo que quiero compartir con ustedes el día de hoy.

"Me cuento entre los ministros de Dios."
Un Curso de Milagros, Libro de Ejercicios, página 522
"Ofréceles este lugar de refugio, que el amor preparo para ellos allí donde antes había un desierto. Y todo aquel a quien le des la bienvenido te brindará el amor del Cielo. Entran de uno en uno en ese santo lugar, pero no se marchan solos, que fue como vinieron. El amor que trajeron consigo les acompañará siempre, al igual que a ti. Y baho su beneficencia tu pequeño jardín crecerá y acogerá a todos los que tienen sed de agua viva, pero estan demasiado exhaustos para poder sequier adelante solos."
Un Curso de Milagros, Texto, página 437

Estos son mis pensamientos para usted:

Usted es el regalo a otros simplemente por la alegría que trae a cada situación. Con la ayuda del Espíritu Santo, cada desafío se convierte en una oportunidad para el perdón y la liberación. A continuación, con la luz de desbordamiento de gratitud por cada persona que entra en su vida. Esto forma un brillo dorado, sin ser vistos por el ojo, pero que siente el corazón. Esto va radiancia con usted y se ofrece a todos.

A través de la demostración de su vida que demuestran que hay una mejor manera de vivir. Usted, entonces, son los santos Alternativa para la vida y acercarse a la gente en ella. La única luz encendida en su pecho brilla ahora más brillante cada día como su fe, a través de la práctica crece. Su vida se convierte en ejemplo tan irresistible como la llama a la polilla, por lo que necesita y no hacer o decir nada concreto. Sólo tiene que ser, y el fuego interior se basarán las almas llenas de oscuridad y dolor, pero las misiones de la ligereza de corazón y la mente a usted.

Su papel: Simplemente estar atentos para su propia tranquilidad. Permita que el Espíritu Santo para abrir los ojos a los dones de cada persona le ofrece. Entonces convertirse en la alegría y gratitud los dones de volver a todos. Liberados juntos, usted y sus hermanos y hermanas pueden empezar a vivir realmente!

Enjoy a Sneak Preview of
These titles by
Bette Jean Cundiff

HAND in HAND
Recovery and Miracles
By Bette Jean Cundiff
Companion book to
Side by Side
the Twelve Steps and "A Course in Miracles"

And

HELP IS ON THE WAY!
By
Bette Jean Cundiff
The Miracles Course for young readers

HAND IN HAND
Recovery and Miracles
Bette Jean Cundiff

. . . Let's start with the Mind

Several years ago, I was giving a lecture to a spiritual group in the Midwest on the books entitled "A Course in Miracles". I was asked a simple question, "Is this material teaching mind over matter?" I spontaneously answered with the response, "No, it is teaching mind over what doesn't matter!" Since then I have used this phrase many times, not just with my students and clients, but most especially with myself!

Boy, how seriously we take life. After all isn't being an adult judged by how responsibly we handle problems? And problems are serious business, right? Wrong!

Whew! Bummer! What a drag! With this frame of reference every time we enjoy life we must feel unconsciously that we are irresponsible and immature. So naturally we are going to set ourselves up for more and more problems so that we can prove to ourselves and others how adult we are. . .

SUCCESSFUL RELATIONSHIPS. . .

Ah, sweet mystery of life — finding that perfect mate who matches your personality, who emotionally and sexually fits lie a glove and who is committed to you through thick and thin for always! To be able to unravel that mystery unfailingly would be worth, well, more than is imaginable. . .

THE SEVEN SECRETS TO INTIMACY. . .

Let's define intimacy not as action and behavior, but instead as attitude. What will make successful relationships? The right attitude! . . .

CO-DEPENDENT ROLES WE GET STUCK IN! . . .

Not every family is beset with alcoholism and drug abuse. But every family is beset with a constantly changing universe. Jobs change, children and adults grow older, illnesses happen . . . In order to cope with these scary and annoying fluctuations individuals will choose one of these tactics, the Deadly Cycle or the Healing Cycle. . .

Here are just a few of the chapter and section titles from this insightful book:

The Process of Inspiration
The Whirling Vortex of Hell
Components of a Successful Marriage
3 Fold Goal of Meditation
Defining Healing
The Dynamics of Fear
The Dynamics of Love
Pointers for Helpful Communication

To order copies you can go to
            amazon.com/bettejeancundiff

Or you can e-mail the author at
            bette@bettejeancundiff.com

Another sneak preview of the internationally recognized children's version of "A Course in Miracles", since 1977 for pre-teens. . .

Help is on the Way!
By
Bette Jean Cundiff

Chapter I

Jerry trudged up the street to the house where he lived with his parents and his little sister. Each footstep brought him closer to impending disaster. Under his arm was a stack of school books. Slipped between the pages of his math book were his orders for execution -- his report card from school. It wasn't so much the punishment that would be a week of no television or the withholding of his allowance which caused him despair. No, it wouldn't be the punishment. As he looked up at his house, painted gray and black and looking even more gray through the blackness of his fear, he knew the worst would be the faces on his mother and father.

Quickly he climbed the front steps, slipping quietly into the front hallway. He placed his books on the table by the front door, his report card on top. He knew it was just a matter of time before he would have to show it to his mother, but later seemed to much better than right now.

"Jerry? Is that you?" called his mother from the kitchen. He could hear the water running in the kitchen sink and he knew she would be home from work and was preparing supper. There was no getting away from it now. Jerry could hear the executioner's footsteps in his head. The time was getting near. . .

A list of Books by Bette Jean Cundiff

Hand in Hand
Miracles & Recovery
(*companion book to* Side by Side)
$13.99

Side by Side
The Twelve Steps and "A Course in Miracles"
with complete Spanish Translation
(*Co-authored with J.R. Richmond*)
$12.99

The Children's Material
Recognized as a children's version of "A Course in Miracles"
$10.95

Help is on the Way! – a novel
Full Miracle Course for the young reader
With complete Spanish Translation
$13.99

Mystery at the Everything Exchange
A Pierre Perro and Captain Blend Investigation
for the young reader
$13.99

Pack Rat's Christmas Surprise
A read aloud story for the whole family

To order see the next page. . . .

To order copies of these titles

by
Bette Jean Cundiff

go to:
amazon.com/bettejeancundiff

Or for orders of ten or more books e-mail the author at:
bette@bettejeancundiff.com

24514970R00069

Made in the USA
Lexington, KY
21 July 2013